AF509615

LES
DEUX MONDES.

PARADE EN DEUX ACTES,
MÊLÉE DE COUPLETS,

Par MM. Gabriel et Masson,

REPRÉSENTÉE, POUR LA PREMIÈRE FOIS, A PARIS,

SUR LE THÉATRE DU PALAIS-ROYAL,

LE 26 SEPTEMBRE 1831.

PRIX : 1 FR. 50 C.

PARIS.

J. N. BARBA, LIBRAIRE,

PALAIS-ROYAL, GRANDE COUR, DERRIÈRE LE THÉATRE-FRANÇAIS.

1831

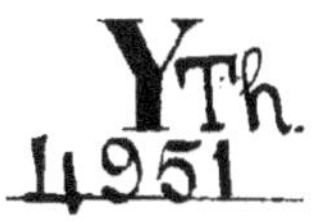

<table>
<tr><td>

PERSONNAGES.</td><td>

ACTEURS.</td></tr>
</table>

DANS LE PREMIER ACTE.

RIGOLO.	M. Lepeintre.
HÉLÈNE.	Mlle Éléonore.
MICHEL.	M. Paul.
BERTRAND.	M. Sainville.
BRISQUILLO.	M. Gaston.
LINA.	Mlle Pernon.
Trois Matelots.	
Hommes et Femmes du Hâvre.	

La scène est au Hâvre.

DANS LE SECOND ACTE.

KISAGASOUGAH, chef de la tribu.	M. Préval.
BRISQUILLO.	M. Gaston.
LINA.	Mlle Pernon.
MIANGAH, jeune sauvage.	Mlle Aglaé.
KROCMICK, cuisinier de la tribu.	M. Bourdon.
MICHEL, grand orateur de la tribu.	M. Paul.
RIGOLO.	M. Lepeintre.
HÉLÈNE.	Mlle Éléonore.
BERTRAND.	M. Sainville.
Sauvages.	
Matelots.	

La scène se passe à Cocaibo.

Nota. Les acteurs sont placés en tête de chaque scène comme ils doivent l'être au théâtre: le premier occupe *la gauche du spectateur.*

IMPRIMERIE DE E. DUVERGER, rue de Verneuil, n. 4.

LES DEUX MONDES,

PARADE EN DEUX ACTES.

Le théâtre représente une cour d'auberge, fermée par une grille. A gauche, une grande maison. Deux arbres sur le troisième plan. A droite, un hangar, fermé par un grand rideau. Au fond, au milieu de la grille, une porte qui donne sur le port. Tout près de la porte, un petit bureau sur lequel on lit : *Prix des places : Premières 10 sous ; deuxièmes 5 sous.*

SCENE PREMIÈRE.

BERTRAND, MICHEL, *une trompette à la main.*

BERTRAND, *entrant par le fond et tirant Michel par sa redingote.*
Eh bien ! viens donc ! ne vas-tu pas me laisser en panne, à présent que nous sommes arrivés ?

MICHEL.
Ne vous fâchez pas, me voilà !

BERTRAND.
Comment, je te rencontre sur le port au moment où tu arrives au Hâvre, tu me demandes si je connais la demeure de la veuve Hélène Flonflon, je te conduis à l'auberge des Trois-Couronnes, où elle loge, et voilà qu'à la porte, tu n'oses pas entrer !

MICHEL.
Si fait, j'ose bien, père Bertrand ; mais c'est que j'ai si envie de la voir que je crains de la rencontrer tout de suite.

BERTRAND.
Il paraîtrait, mon pauvre Michel, que tu es aussi bête qu'autrefois.

MICHEL.
J'ai même quelque chose de plus... je suis amoureux... je peux vous conter ça à vous qui avez fait ma première éducation.

BERTRAND.
T'étais un fameux petit mousse, je m'en flatte, tu grimpais joliment !

MICHEL.
Et quand je ne grimpais pas, hein ? les bonnes volées que vous me donniez !

4

BERTRAND.

C'est toujours moi qui suis chargé d'instruire les mousses sur
le bâtiment. On sait que j'aime la jeunesse.

Air : Ah ! si madame me voyait.

> Jamais mon amour ne s'endort
> Pour ces enfans qu'on me confie,
> Et tout's les fois que j'les châtie
> Mon bras et mon cœur sont d'accord.

MICHEL.

Ah ! de mon temps, que vot' cœur battait fort !

BERTRAND.

> Plus j'les aime et moins j'ai d'faiblesse ;
> Aussi pour mieux les élever,
> Quand j'les accable d'ma tendresse,
> Ils ont d'la peine à s'en r'lever. (*bis.*)

MICHEL.

Ça c'est vrai, il faut vous rendre cette justice-là.

BERTRAND.

Tu as été mon élève, je t'ai battu, je t'aime... aussi, toutes
les fois que je pourrai te rendre un service, compte sur moi...
voyons, que fais-tu maintenant ?

MICHEL, *ouvrant sa redingote qui cache un costume de paillasse.*

Vous le voyez, je suis artiste d'agilité... c'est en exerçant
cette profession plus honorable qu'on ne le croit généralement,
que j'ai connu la ravissante Hélène.

BERTRAND.

Celle qui est en ce moment la coqueluche du Parc-aux-
Huîtres ?

MICHEL.

Oui, père Bertrand, c'est une femme superbe. C'est le plus
beau port du Hâvre !

Air : Une robe légère.

> Un habit d'amazone,
> Une agréable ampleur,
> Des cheveux long d'une aune,
> D'une entière noirceur ;
> Elle a tout en partage,
> Et son nez bien planté,
> Au milieu d'son visage,
> Embellit sa beauté.

C'est à la foire aux Loges, il y a deux ans, que s'alluma la passion qui me dévore. J'avais établi mon spectacle sur la grande
place où elle vendait ses chansons avec Jérôme Flonflon, son
époux. Fallait voir tout le monde accourir pour entendre sa

jolie voix, et s'épanouir aux accords mélodieux de son tambour de basque... pendant qu'elle chantait : *Ah ! qu'on est fier d'être Francé quand on regarde la colonne* ; elle me regardait en dessous... v'là que son mari s'aperçoit de la couleur ; elle me le fit comprendre sur l'air du *Garde à vous !* Vous sentez bien que j'ai deviné la charade ; mais je ne savais pas à qui j'avais affaire, et sans la mort du défunt qui est décédé il y a trois mois, je n'aurais peut-être pas encore d'espérance.

BERTRAND.

Ah ! son mari est mort ? je le croyais en voyage.

MICHEL.

Non, père Bertrand, les chants ont cessé.

BERTRAND.

Je te vois venir, tu veux captiver la chanteuse et te fixer au Hâvre ?

MICHEL.

Au Hâvre, j'y tiens... ou autre part, ça m'est égal... je suis cosmopolite, vous le savez bien.

AIR *des Amazones.*

Mon pèr' naquit aux bords de la Garonne,
C'était, dit-on, un fier escamoteur.
Dans un voyag' qu'il a fait à Lisbonne,
Il y connut ma mèr', pour mon bonheur,
Et je suis né sur un brick à vapeur.
Être amphibi' j'vis sur mer et sur terre ,
Aussi, pourvu qu'on me traite à mon goût,
Je vais chantant ce refrain de mon père :
Je suis Gascon, mon pays est partout ! (*quatre fois.*)

BERTRAND.

Puisque tu veux renouer avec Hélène, méfie-toi d'un certain individu qui vient d'amener ici deux naturels des Indes, qu'il a pêchés je ne sais où... Comme son spectacle fait l'admiration des badauds du Hâvre, je crois que la veuve guête ce Rigolo et ses deux Indiens.

MICHEL.

Vous avez nommé Rigolo ?... attendez donc... un grand blond tirant sur le roux, figure de casse-noisette... un habit vert, des yeux noirs, et un chapeau gris.

BERTRAND.

Juste !

MICHEL.

Je l'ai connu à Paris ; il montrait des phénomènes... à telle enseigne qu'une fois qu'il en manquait, il a voulu m'engager.

BERTRAND.

C'est un malin, et un beau parleur qui fait toujours des phrases ; quel banquiste que celui-là !...

MICHEL.

Je vois qu'il n'y a pas de temps à perdre... il faut que je fasse savoir le plus tôt possible à ma passion que je suis auprès d'elle. Elle se rappellera ce signal-là... elle connaît si bien mon embouchure !... (*Il sonne de la trompette.*)

BERTRAND, *l'arrêtant.*

Silence ! je l'aperçois.

MICHEL.

C'est elle ! v'là la peur qui me prend.

SCENE II.

BERTRAND, MICHEL, HÉLÈNE *en costume d'amazone, un petit chapeau à plumes.*

HÉLÈNE, *à la cantonade.*

Préparez les billets pour le spectacle de ce soir, nous donnerons deux brillantes représentations...

MICHEL.

Amour et constance !

HÉLÈNE, *se retournant.*

Ah ! mon Dieu ! si je n'ai pas la berlue, c'est...

MICHEL.

Michel, qui vient de faire soixante lieues pour consoler une veuve qui demande un remplaçant.

HÉLÈNE.

Vous avez donc reçu la nouvelle du malheur qui m'est arrivé ?

MICHEL.

Ça m'a fait bien plaisir... vous n'ignorez pas que depuis deux ans, je vis d'espoir.

HÉLÈNE.

Ça vous a profité, vous avez assez bonne mine.

MICHEL.

Vous êtes bien honnête, mais si je vous épouse, je ne veux pas en rester là.

HÉLÈNE.

C'est aller un peu vite en besogne.

MICHEL.

N'auriez-vous pas, par hasard, assez pleuré le défunt ?

HÉLÈNE.

Le défunt, Dieu veuille avoir son ame ! je ne l'ai pas pleuré du tout, c'était un brutal qui me battait !

MICHEL.

Il vous battait !... (*à Bertrand.*) Il la battait !... (*à Hélène.*) Ah ! que mes sentimens sont différens des siens... dans notre ménage, c'est moi, au contraire, qui veut être battu !

HÉLÈNE.

Tout cela est bien séduisant, avec ça que j'aurais des dispo-
sitions... mais, depuis que je vous ai écrit, on m'a fait changer
d'idée.

BERTRAND, *bas à Michel.*

Quand je te disais...

MICHEL.

Il est impossible, qu'en si peu de temps, vous ayez pu dis-
poser de la main qui m'était promise par votre lettre du 12.
Nous sommes au 20, vous voyez que je ne me suis pas amusé
en route.

HÉLÈNE.

AIR *d'Aristippe.*

Il faut qu'ici j'vous parle avec franchise :
J'en aime un autre et j'l'épouse demain ;
Mais, croyez-moi, si l'sort le favorise,
Mon cher ami, c'est qu'pour avoir ma main,
Ainsi que vous il fit beaucoup d'chemin ;
Vous avez bien marché, sans doute,
Mais la distance a causé vot' malheur ;
Car, à chaqu' pas qu'vous faisiez sur la route,
Le scélérat en f'sait un dans mon cœur. (*bis.*)

MICHEL.

Ainsi je n'aurai voyagé que pour ma santé ?

BERTRAND.

Tu vois, mon pauvre garçon, que tu n'as plus qu'à t'en re-
tourner comme tu es venu.

MICHEL.

Eh bien ! non !... je ne m'en retournerai pas. Père Bertrand,
vous êtes mon ami ?

BERTRAND.

C'est convenu, puisque je t'ai battu.

MICHEL.

Il faut que vous me receviez à votre bord. Je m'expatrie, je
redeviens mousse de mer.

BERTRAND.

Ça va ; un mot au capitaine, et tu es encore des nôtres.

HÉLÈNE.

Michel, je veux que vous restiez... J'ai à vous parler, fou-
gueux jeune homme !

BERTRAND.

Allons, allons, en avant !

MICHEL.

Elle a à me parler... allez toujours, je vous rejoindrai plus
tard.

BERTRAND.

Air du Crédit et de la Fortune.

Allons, mon enfant, du courage,
Pas de soucis, ni de chagrin,
Près d'un' bell' si tu fais naufrage ,
Tu n'subis que l'sort du marin.

MICHEL.

Dieu ! que j'l'aimais ! c'était de tout' mon ame ;
N'y pensons plus, car, si je perds, hélas !
Malgré ma flamme,
La main d'un' femme ,
Pour m'consoler la mer me tend les bras.

ENSEMBLE.

BERTRAND.

Allons, mon enfant, du courage, etc.

MICHEL.

Croyez-moi, j'aurai du courage,
Et je n'demand', dans mon chagrin,
Si comme amant j'fais un naufrage,
De n'pas en fair' comme marin.

HÉLÈNE.

Je dois lui donner du courage,
Puisque j'ai causé son chagrin;
Il f'rait un pauvr' mari, je gage,
Il peut faire un très bon marin.

(*Bertrand sort.*)

SCENE III.

HÉLÈNE, MICHEL.

MICHEL.

Voyons, Hélène, que voulez-vous? Si vous aviez au moins
de bonnes raisons à me donner.

HÉLÈNE.

Vous ne savez pas dans quelle position je me suis trouvée
après la mort de mon mari ?

MICHEL.

Je le devine, vous vous êtes trouvée veuve.

HÉLÈNE.

Comme vous dites; mais ce n'est pas tout, mon commerce
n'allait plus que d'une aile; on se bouchait les oreilles devant

l'orgue de Barbarie, et l'on tournait le dos au tambour de basque. En fait de chansons, j'avais cependant un joli répertoire, et quand je roucoulais avec mon petit filet de voix :

> « Connaissez-vous les hussards de la garde,
> « Les bons enfans
> « De ce beau régiment?...

ou : (*changeant d'air et de voix.*)

> « Ah ! quelle scie d'être en maison. (*bis.*)

ou bien , ce qui était mon triomphe   (*même jeu.*)

> « Dans mon hameau restons sans cesse,
> « Son aspect fait battre mon cœur :
> « C'est là qu'est ma maîtresse ,
> « C'est là qu'est le bonheur.

MICHEL, riant.

Ah ! ah ! ah ! comme c'est ça !

HÉLÈNE.

Eh bien ! maintenant, n, i, ni, la chanson ne donne plus. Aussi, je dois de la reconnaissance à l'homme qui, me voyant dépérir à vue d'œil, est venu mettre à mes pieds les trésors de l'Inde.

MICHEL.

Comment, tant que ça ?

HÉLÈNE.

Des trésors inépuisables ! puisque nous pouvons mettre tous les jours quinze francs cinquante de côté. Rigolo est encore , au moment où je vous parle, dans une des premières maisons de la ville, où on l'a fait appeler avec ses deux Indiens, mâle et femelle.

MICHEL.

C'est donc des curiosités bien curieuses ?

HÉLÈNE.

Oui! ils sont sur le point de se marier ; la femme est blanche comme du lait , et le mari est couleur de moutarde.

MICHEL.

Le mari est jaune?... alors, ça se rapproche des nations européennes.

HÉLÈNE.

Mais j'ai envie que vous restiez, pour faire leur connaissance.

MICHEL.

Que je reste? oh! non; je n'aurai jamais ce cœur-là, et cependant je sens que j'ai besoin de vous voir.

HÉLÈNE.

Ça peut s'arranger... Rigolo est bon enfant; proposez-lui d'être...

2

MICHEL.

D'être... quoi?

HÉLÈNE.

Tous les moyens sont bons, et vous n'avez pas à choisir. Proposez-lui d'être... son pailalsse.

MICHEL.

Quelle proposition humiliante pour un être indépendant !

HÉLÈNE.

Pourtant, si vous tenez à rester près de moi...

(*Cris de la foule en dehors.*)

Ah ! les voilà !... les voilà !

HÉLÈNE.

Entendez-vous ? c'est lui qui revient, entouré d'une foule
d'admirateurs.

MICHEL.

Au fait, si je restais, je vous verrais tous les jours.

HÉLÈNE.

Mais, que ça ne vous donne aucun espoir, je vous l'ai promis; je ne vous aimerai pas plus pour ça.

MICHEL.

Allons, parlez-lui.

SCENE IV.

LES MÊMES, RIGOLO, *foule d'hommes et de femmes de l'autre côté
de la grille.*

RIGOLO.

Je vous dis que l'heure du spectacle n'est pas encore arrivée;
vous ne verrez rien. Allons, garçons, fermez les portes, op-
posez une digue aux flots des curieux. (*Il ferme la porte.*) Je
tiens la vogue, et je ne la laisserai pas échapper.

HÉLÈNE.

Comment ! vous êtes seul ? et vos deux Indiens ?

RIGOLO.

Je les ai fait entrer par la porte de derrière, pour les sous-
traire aux regards des curieux. Oui, ma chère Hélène, je vous
dirai que nos deux Indiens viennent de faire l'admiration des
illustres spectateurs qui les avaient fait demander. Comment,
ils reviennent de l'Inde? répétait l'inspecteur de l'octroi, qui
n'en revenait pas. J'aimerais beaucoup la petite sauvage, disait le notaire, qui est veuf depuis huit jours; et jusqu'à la
femme du receveur des contributions, qui prétend que mon in-
sulaire ressemble à son mari.

HÉLÈNE.

Notre fortune est faite ! Mon cher Rigolo, je vous présente
une ancienne connaissance. (*Elle montre Michel.*)

11

RIGOLO.

A qui?... à vous?

MICHEL.

Oui, à elle.

RIGOLO.

Parbleu! et à moi aussi... c'est Michel! le petit sauteur, que j'ai perdu de vue depuis si long-temps... Qu'est-ce qui t'amène au Hâvre?

HÉLÈNE.

Voilà ce que c'est... Il vient ici pour avoir un engagement... et si vous y consentez, il fera l'annonce de votre spectacle; il donne très bien de la trompette.

MICHEL.

Tenez, j'ai déjà le costume de rigueur.

RIGOLO.

C'est à merveille, mais tu es t'en retard; tu ne sais donc pas que les Paillasses sont prohibés, coulés, enfoncés dans le troisième dessous... On ne veut plus de saltimbanque, mon cher: depuis la révolution, la France les repousse de son sein : c'est une race de Parias.

MICHEL.

Laissez donc !

RIGOLO.

C'est comme je te le dis, nous n'en voulons plus; en vois-tu maintenant quelque part? Parle franchement, tu ne vois plus de Paillasses.

MICHEL.

Cependant, quand je me regarde...

RIGOLO.

La belle preuve ! tu existes frauduleusement.

MICHEL.

En voici bien d'une autre !

RIGOLO.

Tu n'es que le rejeton d'un vieux tronc usé, un être oublié par erreur dans la vie.

MICHEL.

L'erreur, c'est vous qui la faites.

AIR : J'ai vu le Parnasse des dames.

Oui, vous vous trompez fort, je pense,
Quand vous osez me soutenir
Qu'on n'voit plus d'paillass's en France,
C'est un' rac' qui n'peut pas mourir.
Moi, j'prétends que l'pèr' des paillasses
Aura toujours des descendans;
Si l'on en voit moins sur les places,
C'est qu'ils travaillent en dedans. (bis.)

RIGOLO.

C'est possible... mais comme j'ai renoncé à ce charlatanisme-là, tu ne peux pas espérer que je te mette à la porte, voilà pourquoi je te prie de t'en aller.

MICHEL, *à Rigolo.*

C'est votre dernier mot?

RIGOLO.

Va marcher sur les mains dans un autre département.

MICHEL, *changeant de ton.*

Eh bien! tant mieux pour toi; tu fais ton bonheur en ne me prenant pas... Je suis bien aise de te dire que j'aime ton Hélène à en devenir fou, et que je ne venais ici que pour te la souffler.

RIGOLO.

Me la souffler!... tu voulais me souffler ma dame?

HÉLÈNE.

Voilà qu'ils vont se disputer!

RIGOLO.

Eh bien! j'aime mieux ça... tu m'apprends tes desseins, je suis bien aise d'obtenir cette marque de confiance. (*Il lui donne la main, Michel refuse de lui donner la sienne.*) Comme tu voudras. Maintenant, tire-moi ta révérence.

MICHEL.

Sois paisible, ça ne sera pas long; je veux aussi que tu saches qu'Hélène avait une inclination pour Michel, et que si tu ne t'étais pas présenté, c'est moi qu'elle aurait préféré.

RIGOLO.

Toi?... et qu'est-ce que tu pouvais lui apporter en échange de sa main?... gamin, la première souplesse, le saut périlleux....

MICHEL.

Par exemple!

RIGOLO.

Quand tu avalerais même des cailloux, de la filasse et autres futilités passées de mode, je te traiterais de Roccoco, de classique de boulevards...

MICHEL.

Classique de boulevards!...

RIGOLO.

L'acrobate, vois-tu, est déshérité de l'estime publique, et les danseurs de corde, même sans balancier, tombent sans trouver personne pour les ramasser.

MICHEL.

Toi, qui m'appelles classique de boulevards, quels sont tes titres pour l'emporter sur moi, romantique de place publique?

RIGOLO.

Mes titres?... tu vas les connaître.... un moment... c'est qu'il faut payer pour les voir.

13

MICHEL.

Tu veux parler de ces malheureux Indiens.... devrait-on montrer des humains comme des bêtes curieuses !

RIGOLO.

Ils sont au monde pour se faire voir.

MICHEL.

Si l'on en disait autant de toi, hein?... mais, il n'y a pas de danger.

Air *de Céline.*

J'crois qu'on n'y trouv'rait pas son compte,
Si l'on t'faisait voir en payant.

RIGOLO.

Eh bien ! moi, je l'avoûrai sans honte,
Je crois que j'f'rais fair' de l'argent.
Pour voir accourir la pratique,
Pour obtenir un succès prolongé,
Il n'faut souvent qu'un beau physique,
Et j'suis assez bien partagé. (*bis.*)

(*Pendant ce couplet les deux Indiens sortent du hangar et montent sur les arbres.*)

HÉLÈNE, *à Rigolo.*

Montrez-lui donc vos titres, et que ça finisse...

RIGOLO.

Vous avez raison, je vais l'écraser.... (*allant au hangar.*) Tiens, paradiste déchu, voilà mes titres; regarde, et humilie-toi. (*Il ouvre le rideau, on ne voit rien.*) Dieu ! il n'y a plus personne !

MICHEL.

Les oiseaux seraient dénichés ?

RIGOLO.

J'ai perdu mes insulaires, on me les aura volés en route.

HÉLÈNE.

Ça n'est pas possible... Vous les avez peut-être oubliés quelque part, allez voir.

MICHEL.

Ils ont su reconquérir leur liberté, ils sont dans leurs droits.

HÉLÈNE.

Nous voilà ruinés !

RIGOLO.

Du tout!... il faut qu'ils se retrouvent... je vais donner leur signalement, les faire afficher même, s'il le faut; je promettrai une récompense honnête... Rentrez, Hélène... (*à Michel.*) Et toi, va sauter z'ailleurs. . Je crois que je ferais le tour du monde pour les retrouver. (*Il sort.*)

HÉLÈNE.

Allez, Rigolo; quant à vous, Michel, votre arrivée en ces lieux nous porte trop de guignon pour que je consente jamais à vous revoir. (*Elle rentre.*)

SCENE V.

MICHEL, BRISQUILLO et LINA, *sur les deux arbres.*

MICHEL.

Allez, allez, couple intéressé, qui ne sentez battre votre cœur que pour les pièces de cent sous.... vous êtes ruiné !... C'est drôle, tout de même; qu'est-ce qu'ils sont devenus ces deux Indiens?... ils ne peuvent pas s'être envolés.

BRISQUILLO, *paraissant sur l'arbre.*

Pich !... pich !

MICHEL.

Hein ?... qu'est-ce qui appelle?

LINA, *de même.*

Pich !... pich !

MICHEL.

De quel côté fait-on phchit, phchit?...

BRISQUILLO.

Par ici.

LINA.

Et moi par là.

MICHEL.

Comment ! en l'air.... (*levant les yeux.*) Ah ! mon Dieu ! qu'est-ce que c'est que ces oiseaux-là ?...

BRISQUILLO.

C'est Brisquillo !

LINA.

C'est Lina... Si tu veux promettre de ne pas nous faire de mal, nous allons descendre.

MICHEL.

Brisquillo !... Lina !... plus de doute, voilà les Indiens de Rigolo; quel drôle de costume ! Descendez bien vite, mes amis.

BRISQUILLO, *à terre.*

Tu n'as pas l'air terrible, toi. (*Il égratigne Michel.*)

MICHEL.

Ah ! vous m'égratignez.

LINA, *à terre.*

Tu as l'air bien bon, bien doux. (*Elle le caresse.*)

MICHEL.

A la bonne heure !... Moi, je suis doux comme un mouton. Ah ! çà, vous êtes les objets que Rigolo a perdus ?

BRISQUILLO.

Oui, nous sommes des objets bien mécontens d'être toujours en cage.

LINA.

Et toujours regrettant notre climat, nos savanes...

BRISQUILLO.

Et le coco.

MICHEL.

Je conçois, quand on a l'habitude du coco... Comme ça, vous ne seriez pas fâchés de revoir les cocos de chez vous ?

LINA.

Nous serions bien heureux au contraire, si nous pouvions retrouver les huttes de Cocaïbo.

MICHEL.

Ils m'intéressent, moi.. . Je conçois le chagrin qu'ils éprouvent loin de l'hutte du sol natal.

LINA.

Si tu voulais m'aider à sortir d'esclavage ?

MICHEL, à part.

La petite n'a pas l'air sauvage du tout....

BRISQUILLO.

Compte sur la reconnaissance du prince de Cocaïbo, mon père.

MICHEL.

Comment, vous êtes fils d'un prince!... Des jeunes gens de si bonne famille qu'on fait voir pour cinq sous !

LINA.

Et moi, donc! mon père est roi dans son pays.

MICHEL, chantant.

AIR : *Récitatif d'un duo de Gulistan.*

« Noble étranger! comptez sur moi,
« Je désire vous être utile...

Vous détestez Rigolo ?

BRISQUILLO.

Bien sûr! puisqu'au lieu de nous conduire à Paris, pour nous montrer les curiosités comme il l'avait promis au capitaine français qui nous a amenés de Cocaïbo, c'est lui qui nous fait voir.

MICHEL.

Ça lui rapporte davantage.

BRISQUILLO.

Mais, je lui garde une dent...

MICHEL, à part.

Est-ce qu'il serait un peu anthropophage ?... Je crois qu'il mangerait du Rigolo avec plaisir.

LINA.

Si tu nous fais sauver, nous t'aimerons bien.

MICHEL.

Ah ! la bonne idée... Bertrand est mon ami... il ne demande qu'à me rendre service ; ses compagnons vont mettre à la voile... Attendez-moi ici, et je reviens pour nous venger tous les trois.

BRISQUILLO.

Pour ta récompense, je te dirai la chanson du pays.

MICHEL.

Merci ; je n'ai pas de temps à perdre ; nous parlerons de ça plus tard... Quoique ça, je ne vous en tiens pas quitte... vous la chanterez, mon prince, et nous ferons chorus avec la princesse... Je vous quitte et reviens bientôt. (*à part*) Me voilà dans les grandeurs jusqu'au cou. (*Il sort.*)

SCENE VI.

BRISQUILLO, LINA.

LINA.

Si nous pouvions revoir notre pays !

BRISQUILLO.

Et nous unir ensemble !

LINA, *sautant.*

Nous sommes libres ! quel bonheur !

SCENE VII.

LES MÊMES, RIGOLO, *entrant subitement.*

BRISQUILLO, *sans le voir.*

Certainement, que nous sommes libres, et bien libres, encore !...

RIGOLO, *se montrant*

C'est ça, on vous en donnera de la liberté pour en faire cet usage-là, pour me causer de pareilles souleurs, pour m'emporter ma recette.

LINA.

C'est bien mal à toi d'être revenu tout de suite.

RIGOLO.

N'êtes-vous pas bien à plaindre ?... Tous les jours je vous conduis dans les meilleures maisons, vous recevez chaque soir la société la plus distinguée...

BRISQUILLO.

Nous ne voulons plus voir personne.

RIGOLO.

On vous accable de présens... Hier, on vous a donné deux

bouteilles de vin du Rhin que j'ai bues à mon déjeuner... aujourd'hui, vous avez reçu des petits fromages et des biscuits que je mangerai à mon dîner... Que vous faut-il de plus ?... parlez, je tâcherai de vous le procurer.

LINA.

Revoir Cocaïbo.

RIGOLO.

Cocaïbo... Cocaïbo... quand vous serez usés ici, je ne dis pas non ; mais vous faites encore recette, et c'est rare par le temps qui court ; je ne peux pas vous abandonner... Faites-moi le plaisir de rentrer chez vous ; l'heure du spectacle approche... si quelqu'un vous voyait gratis, ça vous ferait du tort et à moi aussi... (*Il les conduit au hangar, qu'il ferme avec précaution.*) Voilà déjà des amateurs qui nous arrivent, il ne faut pas les faire attendre. (*Hélène rentre.*) (*à Hélène*) Je les tiens... ils sont là.

(*Hélène se place à la porte et reçoit l'argent.*)

SCENE VIII.

MICHEL, BERTRAND, TROIS MATELOTS, HOMMES ET FEMMES DU HAVRE.

LE CHŒUR.

AIR : *Il est plus dangereux de glisser.*

Nous accourons pour voir, en payant,
Un couple qui nous intéresse,
On dit qu'il est tell'ment
Surprenant
Qu'on n'peut pas r'gretter son argent.

BERTRAND, *bas aux matelots.*

Agissons avec finesse ;
Quoi qu'il puisse arriver,
Il faut les enlever.

MICHEL, *de même.*

Oui, je compte sur vot' promesse.
Puisque votre vaisseau
Passe à Cocaïbo ,
Partez le cœur joyeux,
Vous faites deux
Heureux ,

3

Et vous rendez, amis,
Un prince à son pays!

LE CHŒUR.

Nous accourons, etc.

(*Musique.*) *Rigolo montre la toile déroulée sur laquelle les deux Indiens sont représentés; au-dessous est écrit en grosses lettres:* l'Indien malle et sa femel arrivan de Lamerique septentrimonial.)

SCENE IX.

MICHEL, BERTRAND, RIGOLO, HÉLÈNE, *ensuite* BRISQUILLO ET LINA, SPECTATEURS ET MATELOTS.

RIGOLO, *prenant une baguette.*

Nous allons avoir l'honneur de vous donner une brillante représentation des exercices surprenans de Brisquillo, prince de Cocaïbo, et de son intéressante compagne la jeune Lina. La peau cuivrée du prince sera, j'ose le dire, admirée des appréciateurs de la belle nature.

HÉLÈNE.

Tout le monde a passé au bureau.

RIGOLO, *avec emphase.*

Amateurs des deux sexes, ne vous attendez pas à voir des Indiens de la Villette ou des Caraïbes du faubourg du Temple... j'offre à l'admiration des connaisseurs deux individus mâle et femelle venant directement de l'Amérique septentrimoniale. Les personnes qui parlent comme des sauvages, et il doit s'en trouver dans l'aimable société, peuvent interroger mes deux phénomènes; ils répondront à toutes les questions hydrauliques, scientifiques et politiques... Paraissez, jeunes princes de Cocaïbo!... allez, la musique!... Tirez la ficelle, ma femme. (*Le rideau s'ouvre, Brisquillo et Lina sont assis sur une natte élevée sur deux tréteaux.*) Jeune prince de Cocaïbo, et vous, princesse du même lieu, saluez l'aimable société. (*Ils saluent.*) Je prie les spectateurs de remarquer la manière dont saluent mes deux insulaires... Descendez au milieu de ce cercle choisi. (*Ils descendent.*) Ils vont commencer par figurer les pas les plus nouveaux de leur pays... Un peu de place, messieurs... (*Il fait jouer son bâton pour faire reculer.*) Attention! (*Brisquillo et Lina dansent un pas de leur pays*). (*Pendant la danse.*) Messieurs et mesdames, pour vous parler en bon français, j'aurai l'avantage de vous observer que cette danse pittoresque, qui a pris naissance sous le quarante-deuxième degré de latitude ouest-ouest-sud-ouest, a été importée pour la première fois en France par mes deux insulaires... Remarquez, je vous prie, que cette danse, malgré ses poses voluptueuses, n'a rien qui blesse la chasteté de nos mœurs ; elle respire au contraire la morale la plus pure ; et, j'ose le dire avec tous les moralistes français, depuis le divin Socrate jusqu'à Fénélon et madame de Genlis, la mère en prescrira le spectacle à sa fille. Non, non, la brillante société qui m'entoure ne confondra pas un exercice utile et décent avec cette autre danse française que la pudeur m'empêche de nommer, et que, par respect pour moi-même, je distinguerai sous le nom équivoque de cancan. Le cancan, messieurs, généralement improuvé par son excellence le ministre de la justice, inconnu jusqu'à ce jour à ces peuplades innocentes et anthropophages, a été poursuivi par M. le procureur du roi, et condamné par la septième chambre de police correctionnelle à cinquante francs d'amende et six mois de prison, le 24 juillet 1830. Les malheureux danseurs, calicotiers de leur état, se voyaient réduits à la plus affreuse misère sans notre glorieuse révolution, qui a mis un terme à leur captivité et commué leur peine en une liberté pleine et entière. (*On entend crier dans l'auberge :* Au feu ! au feu ! au feu !)

RIGOLO.

Le feu serait dans l'auberge !

HÉLÈNE.

Les cris partent de ce côté... je crois que c'est dans la cuisine.

RIGOLO.

Et notre salle de spectacle qui n'est pas assurée !

TOUT LE MONDE.

Au feu ! au feu !

RIGOLO.

Ils ne pouvaient pas attendre la fin de la représentation !...

LE CHŒUR.

Air *de Fernand Cortez.*

Au feu ! au feu ! au feu !
Il faut éteindre l'incendie !
Au feu ! au feu ! au feu !

BERTRAND, *à part, aux matelots.*

Pour nous ce n'est qu'un jeu.

LE CHŒUR.

Au feu ! au feu ! au feu !

LES MATELOTS.

Pour nous ce n'est qu'un jeu.

(*On entre dans l'auberge. Rigolo et Hélène suivent la foule, après avoir fait rentrer Brisquillo et Lina dans le hangar, sans le fermer.*)

SCENE X.

BERTRAND, MICHEL, TROIS MATELOTS.

MICHEL, *ouvrant la porte du hangar.*
Eh vite ! vite ! la ruse a réussi... partez vite, mon prince.
(*On couvre Lina et Brisquillo avec de grands manteaux.*)
LINA.
Nous pouvons nous sauver ?
MICHEL.
Oui, princesse, et je pars avec vous.
BRISQUILLO.
Vous venez à Cocaïbo ?
MICHEL.
J'en fais la farce; puisque le monde me repousse de son sein,
la fortune m'attend peut-être dans une île déserte.
BERTRAND, *à Michel.*
Je vais les faire embarquer.
MICHEL.
Je les rejoindrai bientôt dans ta petite chaloupe.
(*Bertrand, Brisquillo et Lina sortent suivis par les trois matelots.*)

SCENE XI.

MICHEL, *ensuite* RIGOLO, HÉLÈNE, ET LES SPECTATEURS.

MICHEL.
Ah ! je respire !... je suis vengé !... voilà la fortune de mon
rival qui s'en va dans l'autre monde... je reste ici encore un
moment pour être témoin de sa déconfiture.
(*Il se place derrière le rideau sur la natte où étaient les deux
Indiens.*)

RIGOLO, *sortant de l'auberge.*
J'en étais sûr! il n'y a de feu nulle part. Je voudrais bien
connaître celui qui est venu interrompre une représentation
aussi intéressante ! (*à la foule.*) Que tout le monde reprenne
ses places, nous allons continuer les exercices de nos jeunes insulaires. Vous allez les voir maintenant prendre la nourriture
de leurs climats, et savourer tour à tour des pruneaux de Tours,
du miel de Narbonne et des quatre-mendians de leur pays, vul-
gairement appelés dattes. Ensuite je les ferai jouer de divers
instrumens. Avancez, couple fortuné. (*Il ouvre le rideau.*)
(*Surprise de tous les personnages.*)

MICHEL.
Le couple fortuné est allé faire fortune ailleurs.

RIGOLO.

Ils n'y sont plus!

MICHEL.

Je t'engage à mettre une bande sur ton affiche : Relâche par indisposition.

HÉLÈNE.

Je n'y comprends rien.

RIGOLO.

Tu les aurais fait sauver ?

(*Coup de canon.*)

MICHEL.

Entends-tu le signal de leur départ, ils sont en pleine mer... ils jouissent de la liberté individuelle, vive la Charte !...

(*Il sort en courant.*)

RIGOLO.

N'en croyez pas un mot, messieurs et mesdames.

UN SPECTATEUR.

Ah ! çà, dites-moi donc, nous n'avons pas tout vu, vous allez nous rendre notre argent !

TOUS.

Mon argent ! mon argent !

RIGOLO.

Pour qui nous prenez-vous, messieurs ?

LE CHŒUR.

Air *Sortez à l'instant, sortez.*

C'est trop long-temps nous duper,
Tu n'pourras nous échapper ;
Armons-nous, c'est urgent,
Contre un abus outrageant.
Au public trop indulgent,
D'rendr' le spectacle, ou l'argent,
A l'instant nous t'sommons,
Ou sinon nous t'assommons.

RIGOLO.

N'croyez pas que j'triche ;
Lisez mon affiche,
Elle dit : que jamais
Nous n'rendons l'prix des billets.
Ainsi plus d'menace,
Filez doux, de grace ;
Car, si j'gard' les gros sous,
J'vous préviens que j'rends les coups.

*(Pendant ce couplet, Rigolo s'est mis en garde avec son bâton, Hé-
lène est à sa gauche, les spectateurs veulent s'approcher de Rigolo,
qui les tient en respect en faisant le moulinet.)*

ENSEMBLE.

LE CHŒUR.

C'est trop long-temps, etc.

HÉLÈNE *et* **RIGOLO.**

On n'peut donc pas les duper!

S'il pouvait
Ou du moins leur échapper !

C'est vraiment enrageant

D'voir un public exigeant ;

A nous
A moi gendarme ou sergent !

Conduisez-les, c'est urgent,

A l'instant en prison,

Pour les mettre à la raison.

*(Hélène se trouve mal et tombe dans les bras de Rigolo, qui se tient
toujours en garde avec le bras droit.)*

*(On baisse le rideau, et l'on voit s'élever du trou du souffleur un
écriteau sur lequel on lit : Le public est prévenu que l'entr'acte
dure un an.)*

FIN DU PREMIER ACTE.

ACTE II.

Le théâtre représente un site pittoresque de l'île de Cocaïbo. Quelques arbres étrangers sont réunis par des lianes. A droite, est une hutte très apparente. A gauche, un petit tertre élevé entre deux palmiers. Au fond, la mer.

SCENE PREMIERE.

LINA, MIANGAH, JEUNES FILLES DE LA TRIBU.

CHOEUR DE JEUNES FILLES.

AIR : *Travaillons, mesdemoiselles.*

De retour dans nos cabanes,
Toi que protégea le sort,
Aux filles de nos savanes
De la France parle encor !

LINA.

Je le veux bien ; mais, sans reproche, voilà dix fois, depuis mon retour à Cocaïbo, que je vous répète la même chose.

MIANGAH.

Dix fois en un an, ce n'est pas trop ; les coutumes européennes ont tant d'attraits pour nous !

LINA.

Ecoutez...

AIR :

N'allez pas, jeunes sauvages,
Quand je vais vous raconter
Et leurs mœurs et leurs usages,
Songer à les imiter.

Ici secours, assistance,
S'offrent au chasseur errant;
Sans espoir de récompense,
Là-bas c'est bien différent :
Les cœurs n'y sont pas de pierre ;
Mais ce qui rend obligeant
Dans la France hospitalière,
Ça s'appelle : de l'argent.

Chez nous, d'une ardeur extrême
Lorsque notre cœur se prend,
Nous aimons toujours le même ;
Là-bas c'est bien différent:
J'ai vu beauté vive et tendre
A dix amans tour à tour
Donner son cœur, le reprendre,
Ils nomment ça de l'amour.

Dans nos jeux, dans notre ivresse,
Notre plaisir le plus grand
Est de joûter de vitesse ;
Là-bas c'est bien différent:
Ils ont le bon ton qui glace
Le plus innocent désir;
Danser sans bouger de place,
Ils nomment ça du plaisir.

Chez nous, d'un sentiment tendre
Nous faisons l'aveu bien franc,
A tous on voudrait l'apprendre ;
Là-bas c'est bien différent :
En rougir devant sa mère,
Cela s'appelle pudeur;
Ne s'aimer qu'avec mystère,
Ils nomment ça du bonheur.

Pour les mœurs et les usages
Vive notre sol chéri !
Ah ! restons, filles sauvages,
Sur les bords du Missouri.

MIANGAH.

Ainsi, Lina, te voilà bien contente d'être revenue parmi nous?

LINA.

Sans doute, et c'est à ce bon Michel que je dois cela. Le grand chef l'en a bien récompensé. D'abord, il l'a fait passer par tous les honneurs... il l'a nommé ministre et grand orateur de la tribu; mais depuis quelque temps le crédit de Michel paraît baisser.

MIANGAH.

C'est lui qui va prononcer aujourd'hui ton union avec Brisquillo.

LINA.

Il se fait bien attendre, il sera sans doute allé avec toute la tribu recucillir les débris du vaisseau naufragé ce matin sur la côte.

MIANGAH.

Ecoutez, mes amies... n'entendez-vous pas?...

LINA.

Mais oui, ce sont eux... Michel, Brisquillo, le grand chef Kisagasougah, avec des habitans de Cocaïbo... voilà l'instant de mon mariage. (*à Miangah.*) Croirais-tu qu'à ce moment les jeunes filles de l'Europe ont l'habitude de pleurer! je ne comprendrai jamais rien à ces mœurs-là.

(*Lina, Miangah, et toutes les jeunes filles se placent sur un rang.*)

SCENE II.

LES MÊMES, KISAGASOUGAH, MICHEL, *en sauvage,* **BRISQUILLO, KROCMICK,** PADOUKAS.

(*Le grand chef et Michel sont tatoués. Les sauvages doivent être très laids, ils ont de longues barbes, et portent des casse-têtes.*)

LE CHŒUR.

AIR *du Baril d'olives.*

Cet air guerrier annonce un mariage,
C'est le refrain chéri des Padoukas ;
Ne doit-on pas ,
Quand on entre en ménage ,
Choisir la marche des combats?

LE GRAND CHEF.

Ah! çà, mes chers enfans, nous ne sommes pas ici pour nous amuser; il s'agit de vous mettre en ménage... voilà notre grand orateur qui va vous dire tout ce qu'il faut faire.

MICHEL, *soupirant.*

Ah! grand chef; je ne peux pas prononcer un mariage sans penser à celui que j'ai manqué, il y a deux ans, au Hâvre.

LE GRAND CHEF.

Eh bien! pour te consoler ne t'ai-je pas comblé d'honneurs, de dignités? tu n'es jamais content... prends garde à toi!...

MICHEL.

Certainement, vous m'avez mis le grand serpent autour du cou, des colibris sur les bras, des pattes de léopard sur les épaules, et une tête de crocodile sur l'estomac... mais tout cela ne touche pas mon cœur.

KROCMICK.

Tu es bien difficile.

MICHEL.

Je sais que tout le monde dit en me regardant : v'là un

jeune homme qui se met bien... mais si mon amour-propre est flatté, ma passion n'est pas satisfaite.

LE GRAND CHEF.

Tais-toi, grand orateur, je ne te dis que ça... tu dois savoir que je t'en veux... depuis que tu es ici, il y a un sort qui me poursuit... mes forces diminuent, ma vigueur m'abandonne, ma vue s'affaiblit de jour en jour...

MICHEL.

C'est la faute de votre âge respectable, vieillard supersti-tieux... vous m'accusez, moi qui ai voulu propager les lu-mières ici.

LE GRAND CHEF.

C'est justement depuis le progrès des lumières que je n'y vois plus du tout... mais j'ai fait consulter mon grand Fétiche; en attendant sa réponse, songe à être gentil, Michel... je suis venu ici pour une cérémonie... il me la faut.

BRISQUILLO, *prenant Lina par la main.*

Grand chef, nous demandons le mariage.

LE GRAND CHEF.

Vous allez être satisfaits. Avance, Michel, mon premier mi-nistre, et toi Krocmik, grand cuisinier de la tribu, je vous au-torise à bénir cette union.

KROCMICK, *à part.*

Toujours ce Michel en avant!...

MICHEL.

Brisquillo, Lina, enfans de Cocaïbo, prosternez-vous. Avec la permission du grand chef, je vais vous lire le code de la tribu. (*à Krocmick.*) Donnez-moi le manuel des mariages.

KROCMICK.

Voilà!   (*Il donne à Michel une corne de rhinocéros.*)

MICHEL *lit, en tournant la corne, les caractères qui sont tracés tout autour.*

« *Premier verset.* — Vous êtes unis pour la vie, à moins ce-
« pendant que vous ne vous ennuyiez d'être ensemble. Alors
« celui ou celle qui voudrait quitter l'autre, est tenu de l'aver-
« tir au premier croissant de la lune, attendu qu'en ménage on
« se doit des égards.

« *Deuxième verset.* — La femme doit suivre son mari partout,
« à moins que ça ne le fatigue; elle est libre alors de le laisser
« en route, ce qui arrive souvent dans les contrées civilisées.

« *Troisième et dernier verset.* — Le mari est naturellement le
« père de ses enfans; s'il y a doute, l'usage veut qu'on s'en rap-
« porte à sa femme. »

Jurez vous de vous conformer à ces recommandations né-cessaires au bonheur des ménages?

BRISQUILLO ET LINA.

Nous le jurons!

LE GRAND CHEF, *étendant les mains sur leurs têtes.*

Vous êtes mari et femme; voilà votre cabane, vous y trouverez vos armes de chasse : tuez beaucoup de bêtes, donnez beaucoup de frères à la tribu, et vivez en paix le plus longtemps possible.

BRISQUILLO ET LINA.

Toujours !

(Kisagasougah donne la main à Brisquillo et à Lina. Ils vont se placer sur le petit tertre élevé entre les deux palmiers.)

CHŒUR DE SAUVAGES, *en frappant la terre de leurs casse-têtes.*

Air :

Pan, pan, cette journée
Pan, pan, fait deux heureux,
Pan, pan, de l'hymenée
Pan, pan, chantons les nœuds.

BRISQUILLO.

Ici dans chaqu' ménage
L'hymen est éprouvé,
L'époux d'un' femm' sauvage
Peut marcher le front levé.

LE CHOEUR.

Pan, pan, cette journée, etc.

MICHEL, *à Brisquillo.*

Tout p'tit j'fis des culbutes,
Mais toi, tu fais bien mieux,
En t'mariant tu débutes
Par le saut périlleux.

LE CHOEUR.

Pan, pan, cette journée, etc.

(A la fin du chœur on entend le tonnerre.)

LE GRAND CHEF.

Enfans, le tonnerre gronde, entrons dans cette habitation pour attendre la réponse du grand Fétiche. Nous y tiendrons conseil, et nous tâcherons d'y rassembler nos idées si nous en trouvons.

LE CHŒUR.

Air : *Sonnez, cors et musettes.*

L'orage (*bis.*)
A rentrer nous engage,
L'orage (*bis.*)
Chasse le daim sauvage.

Guerre aux habitans des forêts!
Ils seront pris dans nos filets.

(L'orage éclate, Michel et tous les sauvages entrent dans la cabane.)

SCÈNE III.

BERTRAND, MATELOTS, *puis* **RIGOLO ET HÉLÈNE.**
*Celle-ci a relevé sa robe sur sa tête et sur celle de Rigolo à la
manière de Paul et Virginie ; deux matelots les suivent en
portant une cassette.*

BERTRAND , *à la cantonade.*

Par ici !... il n'y a personne ; mais cependant ne vous y fiez
pas.

RIGOLO.

Dieu ! comme il pleut fort dans ce pays-ci !

BERTRAND.

Bah ! c'est un grain...

RIGOLO.

Alors c'est un gros grain.

HÉLÈNE.

Courez donc les mers pour chercher des phénomènes et at-
traper des naufrages. Mais en définitive, où sommes-nous maintenant ?

BERTRAND.

Attendez que je m'oriente : où est le midi ?

RIGOLO, *tirant sa montre.*

Je te vas dire ça... ah ! mon Dieu, ma montre est arrêtée !

BERTRAND.

Tout ce que je peux vous dire , d'après mes calculs, c'est que
j'ai la conviction intime que nous sommes dans une île déserte
et inhabitée.

HÉLÈNE.

Dans une île déserte !

CHŒUR DES SAUVAGES , *dans la cabane.*

Pan, pan, cette journée
Pan, pan, fait deux heureux,
Pan, pan, de l'hymenée
Pan, pan, chantons les nœuds.

(Étonnement de tous les personnages.)

RIGOLO , *à Bertrand.*

D'après ce que j'entends, et ce que tu viens de nous dire , je
vois que c'est une île déserte où il y a beaucoup de monde.

BERTRAND.

Je sens l'odeur de la cuisine.

RIGOLO.

Je mangerais bien quelque chose, et toi?

BERTRAND.

Attends, je vas pousser ma reconnaissance.

(*Bertrand va regarder à travers les fentes de la porte de la cabane.*)

RIGOLO.

Je parierais que c'est la demeure de quelque honnête fermier...

BERTRAND.

Ça ressemble à une caverne de voleurs.

RIGOLO.

Il est là entouré de son innocente famille; ils ont tous des mines riantes...

BERTRAND.

Je ne les vois que dans le dos.

HÉLÈNE.

Si nous frappions à la porte?

BERTRAND.

Gardons-nous-en bien, c'est quelque peuplade qui pourrait nous faire un mauvais parti... Je connais mieux que vous ces farceurs-là...

HÉLÈNE.

Mais qu'allons-nous devenir dans ce pays de loups et de dromadaires?

RIGOLO.

Un instant... j'entrevois un coup de fortune... Resterons-nous ici comme des poules mouillées, quand il y a là bon feu et bonne table? Il ne faut que du génie pour se tirer d'affaire... Je tiens le moyen.

HÉLÈNE.

Quel est-il?

BERTRAND.

Encore un tour de ton métier.

RIGOLO.

La banque!... il n'y a que ça pour réussir aujourd'hui... Grace à la marée montante, les caisses les plus précieuses de notre embarcation ont été sauvées; va les chercher avec tes matelots... nous t'attendons ici de pied ferme. Si quelqu'un se présente, je me donne pour un prince détrôné, qui voyage incognito, enfin ce qui me passera par la tête... On m'accueille, on me fête, tu arrives avec ta pacotille, nous avons de quoi subjuguer toute la tribu.

BERTRAND.

C'est dit. Au revoir.   (*Il sort.*)

SCENE IV.

RIGOLO, HÉLÈNE.

RIGOLO.

Allons, tout n'est pas perdu, il y a là-dedans des mines d'or à exploiter; si j'avais tous ces gaillards-là à Paris... je mettrais les stalles à cent sous, et tous mes billets de faveur paieraient double.

HÉLÈNE.

Taisez-vous, on ouvre la porte.

RIGOLO.

Ne les perdons pas de vue.   (*Ils s'éloignent au fond.*)

SCENE V.

LES MÊMES, MICHEL.

MICHEL *entre la tête basse, les bras croisés en parcourant le théâtre.*

Je ne m'abuse pas... je fais des jaloux... les courtisans me travaillent en-dessous. Le grand cuisinier voudrait me supplanter, et cependant dans le conseil il est d'une bêtise à couper au couteau. Quant à Kisagasougah, le brave homme n'est pas fort; si je pouvais seulement lui jeter de la poudre aux yeux, ça ne lui rendrait pas la vue, mais ça l'éblouirait sur mon mérite. Il faudrait pour ça trouver de l'extraordinaire... une fête !... quelque chose qu'on n'ait jamais vu à Cocaïbo !

HÉLÈNE, *d Rigolo.*

Nous sommes à Cocaïbo ?

MICHEL, *continuant.*

Oui; mais où diable me procurer du nouveau, quand on n'en trouve nulle part ? Il m'en faut pourtant, ou je ne suis plus ministre.

RIGOLO.

C'est un ministre !... un ministre chez les sauvages !... Il paraît qu'il y en a partout... Prenez vos grands airs... je vais déployer toutes mes ruses diplomatiques... voilà le moment de profiter de mon idée. (*s'avançant.*) Monseigneur... nous vous demandons pardon de vous déranger... nous cherchions un huissier pour nous annoncer.

MICHEL, *d part.*

Que vois-je, Hélène et Rigolo !... mes yeux sont-ils bien ouverts?

HÉLÈNE, *d Rigolo.*

Qu'allez-vous lui dire?

MICHEL, *après un silence.*

Qui êtes-vous?

RIGOLO.

Vous voyez en moi l'envoyé extraordinaire du grand duc de Banquistimbourg, qui profite de l'occasion d'une tempête pour venir vous proposer un traité de commerce avantageux pour nos deux puissances.

MICHEL, *à part.*

Une tempête!... comment, c'était eux!... (*regardant Hélène.*) C'est qu'elle est très bien comme ça, l'ingrate beauté. (*haut.*) Qu'avez-vous à nous offrir ?

RIGOLO.

Monseigneur, les produits agricoles de notre duché consistent en raisiné, en chaufferettes et en souricières, que nous échangerions volontiers contre de la pierre à détacher et du corail pour blanchir les dents.

MICHEL, *à part.*

Je le vois venir; il ne me reconnaît pas, et il croit que je donnerai dedans, avec ses souricières!

RIGOLO.

Mon idée lui sourit... Répondez à nos vœux les plus chers: nous grillons, moi et mon épouse, d'être présentés à votre gracieux souverain.

MICHEL.

Vous voulez être présentés? c'est facile. (*à part.*) Je cherchais des curiosités, v'là mon affaire; je tiens le bouquet de ma fête extraordinaire. (*haut.*) Mais vous ne pouvez pas être admis faits comme vous l'êtes.

RIGOLO.

Il me semble que nous ne sommes pas trop mal pour des gens noyés depuis ce matin.

MICHEL.

Comment, noyés ?

HÉLÈNE.

Oui, en effigie.

RIGOLO.

Il y avait sur le bâtiment un farceur d'artiste qui nous avait peints sur une grande voile...

HÉLÈNE.

Avec nos habits des dimanches que nous avons sauvés du naufrage.

MICHEL, *à part.*

En ce cas monsieur l'ambassadeur vous serez satisfait, mais il faut avant tout aller mettre vos costumes, je vous prépare une brillante réception... comptez sur moi.

RIGOLO.

Est-ce qu'il y aurait des cabinets de toilette ici ?

MICHEL.

On va vous y conduire. (*appelant.*) Koulouf! Miangah!
(*Miangah et Koulouf paraissent, Michel leur parle bas.*)

RIGOLO.

Bravo ! j'ai gagné sa confiance; si Bertrand veut me seconder,
notre fortune est faite, nous emmenons toute la tribu.

MICHEL.

Voilà votre valet, et votre femme de chambre.

Air :

Bientôt ici vous reviendrez briller,
Mais pour ne pas vous faire attendre
Dans la cabane, où vous devez vous rendre,
Il faut d'abord aller vous habiller.

(*à part.*)

Dans son théâtre, construit en plein vent,
Au Hâvre, à Paris, à Marseille,
Il annonça les autres trop souvent
Pour qu'on n'lui rend' pas la pareille.

ENSEMBLE.

Bientôt ici vous reviendrez / nous reviendrons briller, etc.

(*Hélène et Rigolo sortent conduits par Koulouf et Miangah.*)

SCENE VI.

MICHEL, *seul.*

Heureux Michel... c'est à ton tour... je vais faire d'une
pierre deux coups... me venger d'une ingrate et conserver ma
place, ce qui est assez difficile par le temps qui court.

Air : *Vaudeville de l'Intérieur de l'étude.*

Jadis, sous l'habit de paillasse,
Dans l'autre mond' j'ai su briller,
Malgré mes dignités, ma place,
Je n'pourrai jamais l'oublier ;
Si pour amuser et pour plaire,
J'fus sauteur, banquiste, on verra
Qu'c'n'est pas dans un ministère
Qu'on désapprend ce métier-là.

Maintenant, prévenons les chefs de la tribu et toutes les autorités
constituées qui sont en train de fumer là-dedans. (*allant à la
porte.*) Arrivez, mes amis, arrivez !

SCENE VII.

MICHEL, KISAGASOUGAH, KROCMICK, BRISQUILLO, LINA, LES SAUVAGES.

MICHEL.

Air de la Fête du village voisin.

Accourez tous pour un nouveau spectacle,
Vous allez voir des objets étonnans :
Grand souverain, pour plair' à vos ch'veux blancs
Michel ne connaît plus d'obstacle.

LE GRAND CHEF.

De m'plair' t'as l'espoir,
Nous allons ben voir
Si t'auras l'pouvoir
De m'fair' crier : miracle '

MICHEL.

Mes originaux
Vaudraient deux cocos.
Mais à mes amis
J'les montre gratis.

Vous paieriez plus cher pour les voir à Paris,
Car dans ce pays où le plaisir se vend,
L'public n'en a pas toujours pour son argent.

Placez-vous tous... que le grand chef se mette sur son trône.

LE GRAND CHEF.

C'est ça, apportez-moi mon trône. (*Deux sauvages apportent une peau de bête.*) Nous disons donc que tu vas m'amuser ?

MICHEL.

Oui, illustre prince, je m'en flatte.

LE GRAND CHEF.

Je te préviens que la réponse du grand Fétiche ne t'a pas été favorable; ainsi dépêche-toi de me faire rire, sinon...

(Il s'assied.)

MICHEL.

Oui, je sais que dans ce pays-ci, la responsabilité ministérielle n'est pas une plaisanterie.

LE GRAND CHEF.

Arrange-toi donc pour que je sois content.

MICHEL, *à part.*

En ce cas-là, il faudra que Rigolo soit amusant ou il dira pourquoi... (*à un sauvage.*) Par ici la grande voile... toi, Krinoff, tiens-toi là, avec ton casse-tête... Les voilà... allez, la musique...

5

(Un sauvage apporte une grande voile qu'il plante près des deux palmiers. Quatre sauvages frappent sur leurs tambours de basque. Rigolo et Hélène paraissent sur le petit tertre élevé entre les deux palmiers, ils portent des costumes du jour. On lit au-dessous des deux portraits peints sur la voile : Le Francé mal et sa femel arivan d'Eu Rope. *Ce tableau doit présenter une contre-partie bien exacte de celui du premier acte.)*

LÈ CHOEUR.

Air : Cocu mon père.

Quell' drôle de tournure ,
Quell' drôle de figure,
J'crois qu'on ne vit jamais
Leurs pareils dans nos forêts.

BRISQUILLO.

Hélène !

LINA.

Rigolo !

LE GRAND CHEF, à Michel.

Gnia qu'un' chos' qui me vexe,
Je n'devin' pas le sexe ;
Dis-moi, mon cher ami,
Quelle est la femme ou l'mari?

LE CHOEUR.

Quell' drôle de tournure, etc.

(Rigolo et Hélène se donnent des graces pendant la fin de ce morceau.)

RIGOLO, à Hélène, après avoir salué les sauvages, croyant qu'ils lui rendent hommage.

Par exemple, je ne croyais pas que nous serions aussi bien reçus. (*haut.*) Aimables insulaires, je suis vivement touché d'un accueil aussi distingué, et d'autant plus étonné de votre politesse, que je m'attendais à trouver en vous, pardonnez-moi ma franchise, de véritables bêtes sauvages qui ont l'indélicatesse de manger les étrangers.

LE GRAND CHEF.

Tu ne t'es pas trompé.

HÉLÈNE.

Ah! mon Dieu !

LE GRAND CHEF.

Oui, quand les étrangers n'ont pas le bonheur de me plaire, voilà Krocmick , le cuisinier de notre tribu, qui se charge de les accommoder à ma guise.

RIGOLO.

Vous me permettrez de vous dire cependant qu'un ambassadeur et son épouse sont inviolables.

MICHEL, *prenant une baguette et imitant Rigolo au premier acte.*

Illustres habitans de Cocaïbo et séduisantes Cocaïbotes, que la nouveauté de mon spectacle a réunis ici...

RIGOLO, *surpris.*

Comment, un spectacle!

MICHEL.

Chacun son tour... reconnais-tu ceux que tu as montrés en France?

HÉLÈNE.

Brisquillo et Lina!

RIGOLO.

C'est juste... je suis forcé d'en convenir... je les ai montrés, c'est vrai, mais j'avais une permission de M. le maire.

HÉLÈNE.

Nous montrer en spectacle! c'est affreux!

MICHEL.

J'offre donc à l'admiration de la société deux individus, mâle et femelle, venant directement d'Europe.

RIGOLO.

Un moment! je n'ai pas mis de charlatanisme avec eux, j'ai le droit d'exiger les mêmes égards. Ah! c'est qu'il s'agit de faire honorablement son état, et non pas d'en imposer à des visages aussi respectables que ceux de ces messieurs.

(*Il indique les sauvages.*)

MICHEL.

Je vais maintenant vous donner les détails des talens de société que possède cet intéressant quadrupède... j'espère que vous serez contens de lui.

LE GRAND CHEF.

Dans le cas contraire, nous lui ferons dire deux mots par le cuisinier.

RIGOLO.

Le cuisinier!... Messieurs, je vous en conjure, faites comme chez nous... Dans notre pays on respecte les devoirs de l'hospitalité.

MICHEL.

Silence! incomparable Rigolo, et vous, intéressante Hélène, saluez la société. (*Ils saluent.*)Je vous prie de remarquer la manière gracieuse avec laquelle saluent mes Européens... Entrez dans ce cercle choisi. Ils vont commencer tous les deux par le saut du cerceau et la danse de corde. Je vous prie de remarquer leur souplesse.

RIGOLO.

Messieurs et mesdames, il vous en impose, je suis votre prisonnier, votre propriété, tout ce qu'il vous plaira ; mais je ne danserai pas sur la corde.

HÉLÈNE.

Cependant, mon ami, pour nous tirer de là...

RIGOLO.

Écoutez, si vous voulez danser vous n'avez qu'à le dire. (*aux sauvages.*) Madame demande à danser sur la corde.

HÉLÈNE.

Du tout, je n'ai pas l'habitude d'un pareil élément.

LE GRAND CHEF.

Ah ! ils ne veulent pas danser sur la corde ; avance, Krocmick.

RIGOLO, *à part.*

Si le grand cuisinier s'en mêle, nous sommes cuits, et c't'animal de Bertrand qui n'arrivera qu'au dessert. (*haut.*) Braves insulaires, vous n'êtes pas des cannibales, je le lis dans les yeux de votre chef.

LE GRAND CHEF.

Je n'écoute plus rien; Michel a trompé ma confiance ; il s'était engagé à me faire voir quelque chose, je n'ai presque rien vu et je veux voir; il faut que je voie, ou sinon qu'on attache ces trois Européens à ces arbres, et qu'on prépare mon grand couvert.

RIGOLO.

Comment, nous sommes trois ?

MICHEL.

Hélas! oui, je suis Michel le sauteur, sauvage de contrebande.

HÉLÈNE.

Et je ne l'avais pas reconnu!

LE GRAND CHEF.

Krocmick, fais exécuter mes ordres.

(*Mouvement des sauvages.*)

HÉLÈNE.

Je me trouve mal.

RIGOLO.

Parbleu ! et moi aussi; mais écoutez...

(*On entend la ritournelle du chœur suivant.*)

LE GRAND CHEF.

Qui vient nous déranger ?

RIGOLO , *avec joie.*

C'est lui!... c'est Bertrand !... ô mes amis, quel espoir ! (*aux sauvages.*) Nobles insulaires, je vous ai dit que j'étais un ambassadeur ; voilà mon cortége qui s'avance, l'heure de mon triomphe approche, et votre stupidité va paraître dans tout son jour. (*criant.*) Par ici, les autres... Accourez!

SCENE VIII ET DERNIERE.

LES MÊMES, **BERTRAND**, DEUX MATELOTS, *portant une grande malle , qui renferme divers objets.*

CHŒUR DE SAUVAGES.

AIR : *Finale du deuxième acte du Hussard.*

Allons, sans tarder davantage,
Ecoutons cet ambassadeur ;
Si nous recevons son hommage,
C'est lui faire beaucoup d'honneur.

LE GRAND CHEF , *aux sauvages.*

Veillez toujours sur ces trois Européens, et voyons ce que les autres ont à nous offrir.

BERTRAND.

Tous les produits de l'industrie européenne.

RIGOLO, *faisant sa distribution.*

Allons, mes amis, répandez à grands flots les trésors du bazar Montesquieu... Il y en aura pour tout le monde... Une chaufferette à monsieur... une bassinoire à madame... Qui est-ce qui a demandé un soufflet ?

LE GRAND CHEF.

Mais tout ça ne me rend pas la vue... et comme il n'est pas en votre pouvoir...

RIGOLO.

Eh bien ! c'est ce qui te trompe, sublime Kisagasougah ; par la puissance de mon art, je prétends te rendre la lumière du jour.

LE GRAND CHEF.

En vérité !...

RIGOLO.

Je vais à l'instant opérer ce prodige, et je ne crains pas de le dire : avant qu'il soit un quart d'heure, vous me prendrez pour un génie... vous me dresserez des autels... vous m'adorerez comme un dieu... et si vous êtes contens et satisfaits, voilà mon adresse à Paris, rue du Grand-Hurleur, n. 53 ; on ne reçoit que les lettres affranchies. (*aux matelots.*) Distribuez des adresses à ces messieurs.

(*Les sauvages prennent les adresses.*)

MORCEAU D'ENSEMBLE.

LE CHŒUR.

AIR *des Empiriques d'autrefois.*

En ces lieux la tribu toute entière
Attend l'effet de ses discours ;

Au grand chef s'il rend la lumière ,
Oui, ce sera le plus beau de ses jours.

LE GRAND CHEF.

Savant, songe qu'si tu m'abuses,
Je n'écout'rai pas tes excuses.

RIGOLO.

Grand chef, en vain vous m'effrayez,
Vous verrez bien si vous voyez...

HÉLÈNE.

Pensez-y donc... vous vous flattez en vain
D'rendre la vue au grand chef de cette île.

RIGOLO.

Je l'ai rendue un jour au quinze-vingt ,
C'était, je crois , un peu plus difficile;
Puis-je la refuser au roi!..

MICHEL, *à part*.

Son aplomb me glace d'effroi...

BERTRAND, *de même*.

Il se croit en place publique.

RIGOLO.

Grand chef, avancez près de moi.

(*à Bertrand.*)

Allumez ces flambeaux... L'art auquel je m'applique
A besoin de clartés... je suis un charlatan
Qui travaille au grand jour...

BERTRAND , *à part*.

Quel banquiste étonnant!

RIGOLO.

Silence !

Je commence...

(*Il prend une torche qu'il agite de temps en temps.*)

Écoutez mes accens, ò puissant Zoroastres !
Divin Mathieu Lansberg, astrologue fameux !
Dans Kisagasougah j'vous adresse mes vœux :
C'n'est pas pour lire dans les astres;
Mais plus loin que le bout d'son né ,
C'prince infortuné
Voudrait pouvoir porter sa vue,
Afin d'éviter maint' bévue...

LE CHŒUR.

C'est vrai qu'il fait mainte bévue
Depuis qu'il a perdu la vue.

RIGOLO, *agitant sa torche.*

Génie. rendez-lui la vue!

LE CHOEUR.

Génie, rendez-lui la vue!

RIGOLO, *de même.*

Génie, obéis à ma voix!

LE CHOEUR.

Génie, obéis à ma voix!

RIGOLO.

Lumiér', je te tiens dans mes doigts.

LE CHOEUR.

Silence, il la tient dans ses doigts.

RIGOLO.

Lumière! lumière!

Lumière! lumière!

RIGOLO, *élevant une paire de lunettes.*

La voici.

(*Il met des lunettes sur le nez du grand chef.*)

LE GRAND CHEF.

Dieu! voilà que je vois!

Quel miracle étonnant! je vois,

Je vois comme autrefois.

CHOEUR GÉNÉRAL.

(*pendant lequel Rigolo se promène d'un air triomphant.*)

Ah! quelle fortune imprévue!

Chantons le savant Rigolo,

A ce grand prince il rend la vue.

Bravo! bravo!

C'est bien son numéro.

RIGOLO.

Maintenant, grand chef, vous ne pouvez plus nous refuser votre amitié, et la permission de partir avec mon épouse.

KISAGASOUGAH.

Bien plus, je mets à ta disposition les mines d'or de mon royaume, s'il y en a.

RIGOLO.

En ce cas-là, je me contenterai de la mine du grand cuisinier; et si vous voulez me permettre de l'emmener, je vous promets de lui faire faire son tour de France.

LE GRAND CHEF.

Je te le cède... et pour terminer gaîment la journée, que les deux mondes se donnent la main.

(En ce moment toutes les petites sauvages donnent le bras aux matelots, elles agitent leurs miroirs et forment des danses, en chantant le chœur suivant.)

LE CHŒUR.

Air : *En avant, bon courage* (de Trois jours dans une heure),

Ici formons des rondes,
Dansons jusqu'à demain,
Et qu'enfin les deux mondes
Chez nous se donn'nt la main.

FIN DU DEUXIÈME ET DERNIER ACTE.